THE WEAPONS ENCYCLOPÆDIA

TANK AIRCRAFT AFV SHIP ARTILLERY VEHICLES SECRET WEAPON

TWE-006 ITA

CANNONI ITALIANI 1914-1945

THE WEAPONS ENCYCLOPAEDIA

PUBBLICATI DA

Luca Cristini Editore (Soldiershop), via Orio, 35/4 - 24050 Zanica (BG) ITALY.

DISTRIBUTORI PRINCIPALI

Soldiershop - www.soldiershop.com, Amazon, Ingram Spark, Berliner Zinnfigurem (D), LaFeltrinelli, Mondadori, Libera Editorial (Spain), Google book (eBook), Kobo, (eBoook), Apple Book (eBook).

CONTRIBUTORI DI QUESTO VOLUME E RINGRAZIAMENTI

Ringraziamo i principali collaboratori di questo numero: Enrico Finazzer e Carlo Cucut. I profili dei carri sono tutti dell'autore. Le colorazioni delle foto sono di Anna Cristini. Ringraziamenti particolari a istituzioni nazionali e/o private quali: Stato Maggiore dell'esercito, Archivio di Stato, Bundesarchiv, Nara, Library of Congress, Wikipedia, USAF, ecc. A P.Crippa, A.Lopez, L.Manes, C.Cucut, archivi Tallillo. ecc. per avere messo a disposizione immagini o altro dei loro archivi. Special thanks to "Minstrel" who edited the corrections of the English text.

For details of other military history titles published or download a free pdf catalogue, or for every information visit our website: www. soldiershop.com or www.cristinieditore.com. E-mail: info@soldiershop.com. Keep up to date on Facebook & Twitter: https://www. facebook.com/soldiershop.publishing

Titolo: **CANNONI ITALIANI 1914-1945 VOL. 1** Code.: **TWE-006 IT**
Collana curata da L. S. Cristini
ISBN code: 978-88-93278867. Prima edizione ottobre 2022
THE WEAPONS ENCYCLOPAEDIA (SOLDIERSHOP) trademark of Luca Cristini Editore

CANNONI ITALIANI 1914-1945 Vol. 1

65/17, 75/13, 75/27, 77/28, 100/17, 105/28, TRATTORI FIAT 20 B E PAVESI P4

LUCA STEFANO CRISTINI

BOOK SERIES FOR MODELERS & COLLECTORS

INDICE

▲ Compagnia di artiglieri con pezzo da 65/17 in AOI nel 1935.

INTRODUZIONE

L'Artiglieria italiana durante la seconda guerra mondiale soffrì della mancanza di pezzi di qualità che potessero fare la differenza. Le motivazioni di tale situazione erano da ricercare in una serie davvero curiosa di fattori. Il primo di questi era dovuto alla storia recente della nazione. L'Italia uscì vincitrice dal primo conflitto mondiale, per questo fatto la nazione acquisì una notevole quantità di cannoni e obici Austro-ungarici. Fra catturati sull'onda delle ultime vittorie o perché ottenuti come parte delle riparazioni di guerra imposte al nemico sconfitto. E si trattava, al tempo di materiale di buona-ottima qualità, prodotti da alcune delle migliori fabbriche d'Europa come la boema Skoda e la Bohler, l'esercito italiano con questa inattesa "eredità" non sentì la necessità di sviluppare e adottare nulla di nuovo per molti anni, sedendosi di fatto sul disponibile. Altro fattore, direi classico e tradizionale, la solita grave e carente economia nazionale, fattore che accompagnò le forze armate italiane per tutto il periodo fino alla fine della seconda guerra mondiale. La dittatura al potere cercò nelle avventure militari il suggello al suo prestigio internazionale, più un bluff che vera realtà. Nei fatti le avventure abissine e successivamente l'intervento in Spagna a fianco dei militari franchisti, altro non fece che costare all'erario prezzi talmente alti da incidere pesantemente sulla nostra preparazione al conflitto che si stava avvicinando. Infine altri fattori vanno ricercati nella miope visione strategica dello Stato Maggiore del tempo. Questi ritenevano il nostro confine montano l'unico vero esposto a eventuali future guerre, di conseguenze si trascurarono le questioni strategiche relative ad esempio alle colonie. In questa ottica fu dato particolare peso allo studio e alla realizzazione di pezzi d'artiglieria moderni ma leggeri, trascurando i pezzi medi o pesanti, rispetto ai quelli si preferì chiedere all'Ansaldo di migliorare, dove si poteva i cannoni austriaci avuti in dote..

Durante la guerra si cercò in qualche modo di porre rimedio a questo deficit, ma le forze armate italiane avevano ormai raccolto ritardo rispetto a nemici e alleati.

In questo e nei prossimi due volumi dedicati all'argomento non ci occuperemo di artiglieria corazzata su cingoli, che verrà pubblicata su testi dedicati. Tratteremo quindi di pezzi da traino, cannoni, obici e bombarde utilizzati nel secondo conflitto mondiale a partire da quelli provenienti dal parco della grande guerra, a quelli realizzati nel primo dopoguerra. In appendice inseriremo anche trattori e trattrici.

▲ Pezzo 100/17 ex Skoda presso la Rocca di Bergamo. Foto dell'autore.

■ ADATTAMENTO DEI VECCHI CANNONI

La progettazione/restauro da parte della Ansaldo-Fossati fu costante a partire dal primo dopoguerra. All'inizio si penso di sistemare la questione del traino dei pezzi, tradizionalmente eseguiti in gran parte da animali in quegli anni. Ma già la prima guerra mondiale aveva falcidiato in maniera elevata il parco di animali da tiro. I pezzi d'artiglieria erano per questo motivo forniti di ruote di legno classiche, ed il loro traino su terreni sconnessi era un grosso motivo usurante per la meccanica dei pezzi.

Quindi uno dei lavori in ottica da farsi il prima possibile, era di occuparsi di fornire i cannoni di trattori e ruote gommate moderne per garantire spostamenti più celeri e sicuri e meno usuranti. Venne studiato una sorta di bypass fra cannone e trattore chiamato carrello elastico, con ruote metalliche e gomma, che in parte risolse il problema.

Con l'avvicinarsi della guerra, fu avviato un programma di sostituzione delle ruote originali di legno con nuove ruote metalliche, prima in elektron (un tipo di lega ultraleggera formata da magnesio e alluminio) e poi più avanti nel più robusto acciaio stampato. Questa dotazione, ammodernò efficacemente i pezzi dato che consentivano il traino diretto dei pezzi da parte dei trattori d'artiglieria, ma i tradizionali problemi economici e organizzativi si scontarono con tempi lunghi e ancora nel giugno del 1940 solo poche decine di pezzi erano stati approntati con queste direttive.

Altre migliori vennero apportate nei proietti. Furono studiate soluzioni che garantissero migliori gittate e capacità di perforazione. Si ottene un discreto risultato con i nuovi proiettili a carica cava, Gli EP ed EPS (effetto pronto) che garantirono buoni risultati nel tiro controcarro.

Nel campo delle trattrici, ci si occupò prevalentemente di mezzi atti a trainare i pezzi di artiglieria pesante. In tal senso si svilupparono soluzioni anche assai interessanti con mezzi che continuarono la loro vita operativa fino alla metà degli anni 50. La trazione animale fu invece classica-

▲ Vista frontale di un 75/27 in mostra presso il Parco delle Rimembranze nella Rocca di Bergamo. Foto autore.

▲ Un 105/28 in batteria sul fronte cirenaico, Africa Settentrionale 1942. Archivio di Stato.

▲ Una nota immagine del giugno 1940. In mancanza di muli anche gli alpini sono utili per il someggio di questo pezzo da 75/13.

▲ Un 100/17 Mod. 14 in azione nella prima battaglia del Tembien.

mente perpetuata, come del resto anche nell'esercito tedesco, per i calibri leggeri o da campagna. Per questi era uso anche utilizzare veicoli civili e industriali che si adattavano sufficientemente al traino di pezzi non pesanti.

■ LA SITUAZIONE ANTEGUERRA

Incredibilmente e con notevole ritardo, solo nel marzo del 1940 lo Stato Maggiore ebbe ordine di compilare un progetto per il rinnovamento delle artiglierie, ritenute da tutti ormai superate.
Il progetto principale prevedeva di allestire nuove artiglierie post WW1, già definite ed adottate ufficialmente sin dal 1935 (i pezzi: 75/18, 149/40 e il 210/22) ma di cui si erano fino ad allora prodotti pochissimi esemplari, ed altre armi ancora più recenti quali i pezzi: 105/40, 149/19 e il 90/53. Il progetto prevedeva anche di mantenere in servizio quelle artiglierie di vecchio tipo che rispondevano ancora sufficientemente bene al loro compito, quali il 75/13 someggiato, ed il 100 dei vari tipi. (Quest'ultimo dimostrerà una vitalità inaspettata rimanendo in servizio anche per diversi anni successivi al conflitto).
In sintesi si trattava di mettere in produzione non meno di 15.000 nuovi pezzi di tutti calibri, e di provvedere anche ad un loro sufficiente munizionamento. Per finanziare il tutto era stata prevista una spesa di circa 17 miliardi di lire del 1940!
Tale progetto era altamente al di la anche delle più rosee aspettative e difatti non se ne fece nulla. Mancava tutto: il denaro, le materie prime e un tessuto industriale adatto alla realizzazione, se non nell'arco di un tempo assai più lungo. Alla fine ci si accontentò di realizzare un modesto numero di pezzi da 149/40 e da 210/22 , ma anche di pochi pezzi da 75/18, 90/53 e da 149/19, col risultato che l'esercito regio giunse all'otto settembre con le vecchie artiglierie, in gran parte risalenti alla prima guerra mondiale..
Alla vigilia del secondo conflitto mondiale l'Arma di Artiglieria riprende a crescere e a giugno 1940 sono

presenti nell'organico del regio esercito italiano: 54 reggimenti da campagna, 3 celeri, 5 per divisioni alpine, 18 di corpo d'armata, 5 d'armata, 6 per Guardie alla Frontiera, 2 corazzati, 5 contraerei, 2 motorizzati. Dopo l'armistizio del 1943, sono ancora in vita i reggimenti 11° "Legnano", il 184° "Nembo", 7° "Cremona", 35° "Friuli", il 152° "Piceno", il 155° "Mantova" inquadrati sia nel 1° Raggruppamento Motorizzato che nel Corpo Italiano di Liberazione e nei Gruppi di Combattimento.

■ IL PARCO DEI MEZZI

L'armamento principale del Regio Esercito a ridosso dell'inizio del nuovo conflitto era costituito dal seguente parco mezzi:

- **A livello reggimentale:** (alcuni pezzi per tipo) una batteria di obici da 65/17 cannone da montagna. Una compagnia di pezzi controcarro da 47/32 su 4/8 pezzi.

- **A livello divisionale:** un reggimento di artiglieria, composto da 3 gruppi di 3 batterie su 4 pezzi ciascuna (basato su 2 batterie da 75 ed 1 da 100 per ogni gruppo), vi era poi anche una compagnia di cannoni da 47/32 (elefantino) in funzione contro-carro; Compito principale dell'artiglieria divisionale erano gli obiettivi mobili, tipicamente mezzi corazzati e mobili in generale, in funzione supporto ravvicinato per la fanteria.

- **A livello di corpo d'armata:** un raggruppamento di artiglieria pesante su cannoni da 105 ed obici da 149;. Funzione principale il tiro di contro batteria al fine di eliminare o contrastare l'artiglieria avversaria. Sulla carta completamente motorizzata, meno mobile dei reparti divisionali ma ovviamente più potente.

- **A livello di armata:** un raggruppamento di artiglieria pesante su cannoni da 140 e 152 ed obici di vario calibro. Vi era poi la presenza di reparti armati per la difesa contraerea. I grandi pezzi a disposizione dei raggruppamenti d'armata non necessitavano di particolare mobilità. Fornita dei calibri più potenti, adatti al tiro a distanza su obiettivi nemici non alla portata dei tiri degli altri cannoni. Alla bisogna forniva supporto di controbatteria alle sezioni divisionali e di copro d'armata.

▲ Componenti d'artiglieria intenti a manovrare un 75/27 1915-1918.

Alla data dell'entrata in guerra, il Regio Esercito ebbe a sua disposizione circa 8.000 pezzi di artiglieria fra tutti i tipi (cui vanno aggiunti i pezzi leggeri, circa 1.000 47/32 controcarro e 700 65/17 cannoni da montagna d'accompagnamento). Di queste migliaia, solo pochissime centinaia erano di fabbricazione recente. Il resto del materiale risaliva alla Grande Guerra e in alcuni casi addirittura ai primi del novecento opportunamente ma solo parzialmente rimodernato.

A guerra iniziata, l'esperienza fatta, motivò alcune scelte fino ad allora impreviste, come la comparsa di pezzi di artiglieria semovente, di auto cannoni ecc. sulla copia delle scelte Tedesche.

Oltre ai pezzi citati, l'esercito italiano nel corso del conflitto si trovò ad avere a disposizione anche diversi cannoni catturati al nemico, in Africa, Russia o nei Balcani, oltre a forniture acquistate dall'alleato tedesco.

▲ Un pezzo da 100/17 con ruote in Elektron e gomma, Sacrario di Pontida. Foto dell'autore.

CANNONI EREDITATI DALLA GRANDE GUERRA

Come già annunciato, in questo primo volume tratteremo la prima parte dei pezzi d'artiglieria ereditati dal primo conflitto mondiale, sia di produzione nazionale che fonti di preda bellica (tipicamente austro ungarica) a seguito della vittoria nel 1915-18.

Il criterio usato sarà quello del calibro a crescere, quindi dai pezzi leggeri in poi. Nel secondo volume che pubblicheremo, completeremo la disamina dei pezzi ex WWI, mentre nel terzo tratteremo prevalentemente i mezzi di concezione più moderna, ideati dalla seconda metà degli anni '30. Le bombarde sono previste nel secondo di questi tre volumi, mentre trattrici e trattori saranno distribuiti in vario modo nei tre volumi per ordine preferibilmente cronologico.

In questo primo volume tratteremo dei seguenti pezzi e mezzi d'artiglieria:

- **Il cannone da 65/17** Mod. 1908-1913. Nato come cannone da montagna 65A.
- **L'obice da 75/13** mod. 1915. Preda bellica Austroungarica, prodotto dalla Skoda.
- **Il cannone 75/27** Mod. 1906-1911. Si tratta di due cannoni diversi, il Krupp adottato nel 1906 e il Deport adottato nel 1911. Poi c'era anche il mod. 12, un Krupp modificato per batterie e cavallo.
- **Il cannone 77/28** mod. 1905. Preda bellica Austroungarica, prodotto dalla Böhler.
- **L'obice 100/17** Mod. 1914-1916. Preda bellica Austroungarica, prodotto dalla Skoda.
- **Il cannone 105/28** mod. 1916. Prodotto dalla Ansaldo su disegni Schneider.

In appendice sono inserite alcune schede di trattrici e trattori d'artiglieria.

- **Trattrice Fiat 20B** Mod. 1916-1920. Trattrice d'artiglieria della WWI.
- **Trattore Pavesi P4/100** mod. 25-26-30 e 30A. Celebre trattore di produzione nazionale.

▲ Bellissima immagine di un **cannone da 65/17** sulle Alpi durante la grande guerra. Wikipedia cc1

OBICE 65/17 CON SCUDO PROTETTIVO - GUERRA CIVILE SPAGNOLA 1936-1939

CANNONE 65-17

Il cannone/obice 65/17 nacque nel 1911, quando l'Arsenale di Torino ebbe l'incarico di studiare un pezzo scudato di calibro 65 con affusto a deformazione che verrà adottato dal Regio Esercito con la denominazione di obice da 65/17 mod.1913. Pensato come cannone da montagna (l'intenzione era di dotarne l'artiglieria da montagna come artiglieria someggiata quindi trasportata da muli. Una volta smontato il carico Veniva suddiviso in 5 parti: cannone – scudo– testata – slitta e freno – coda e ruote), venne successivamente assegnato ai reggimenti di fanteria come cannone d'accompagnamento universale.

Grazie alla sua versatilità, fu molto apprezzato durante la Grande Guerra per la semplicità di funzionamento e per la possibilità di essere portato agevolmente in batteria e trasportato a quota elevata. La possibilità inoltre di effettuare tiri tesi lo fece essere utile anche come arma anticarro all'interno delle opere fortificate del Vallo Alpino, in Abissinia, nella Guerra civile spagnola e nella seconda guerra mondiale, soprattutto in Nord Africa.

Il pezzo da 65/17 non era tuttavia eccelso, penalizzato da ridotta elevazione (molte immagini pervenute mostrano come le truppe grazie al peso ridotto, ovviassero a questo limite, piegando il cannone secondo le necessità). Il pezzo inoltre aveva una gittata corta (6500 mt), con traiettoria del tiro molto tesa, che costringeva gli artiglieri ad avvicinarsi il più possibile all'obiettivo. Tutti questi difetti erano in parte compensati appunto da una buona precisione del tiro. Nel 1920 fu sostituito, come cannone da montagna, dall'obice austriaco Škoda 75/13 di preda bellica, ma rimase comunque in servizio nei gruppi di artiglieria ed in questo ruolo fu impiegato nella riconquista della Libia.

DATI TECNICI:	
Entrata in servizio	1913
Peso in batteria	570 kg
Peso proiettile	5 kg
Velocità iniziale proiettile	360 m/sec
Settore di tiro orizzontale	8°
Settore di tiro verticale	-8° / +20°
Gittata massima	6.500 metri
Celerità di tiro	min 6/max 12
Numero pezzi a disposizione nel 1940	719

▲ Cannone da 65/17 trainato da un Moto Guzzi Trialce della 80ª Divisione fanteria "La Spezia". Wikipedia cc1

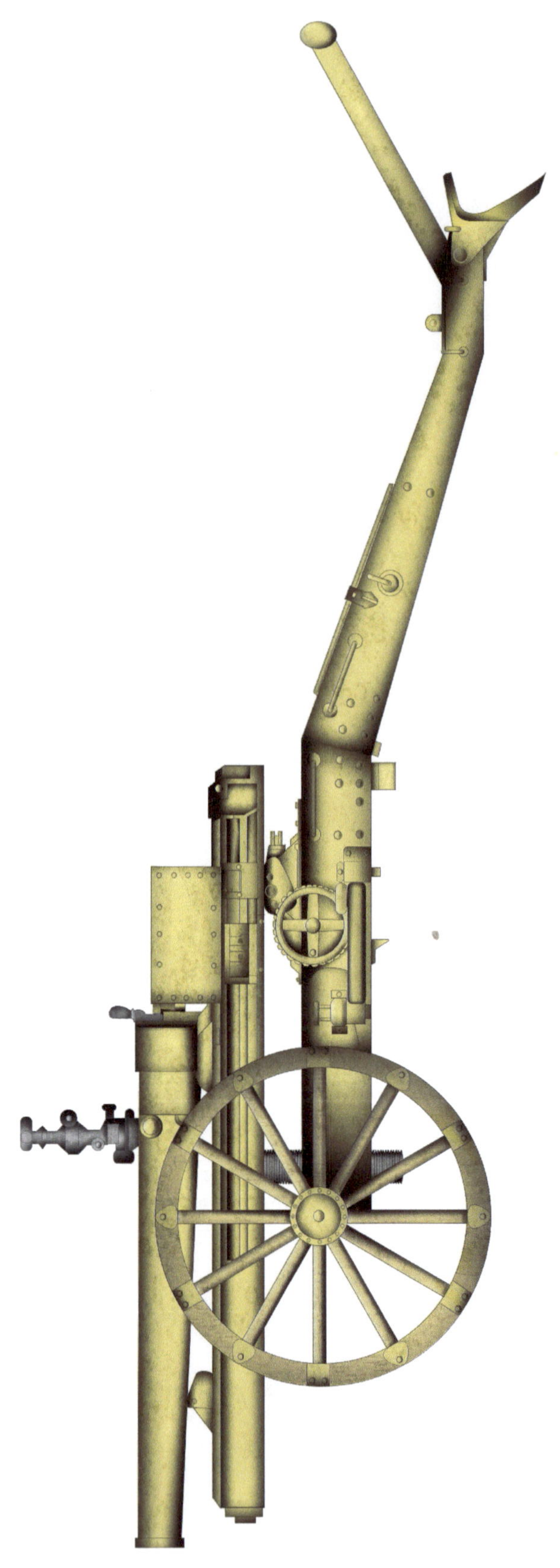

CANNONE 65/17 MIMETICA SABBIA - GUERRA IN AFRICA SETTENTRIONALE 1940-1943

Dopo il 1928 il 65/17 venne convertito in cannone da fanteria e ne vennero distribuiti 200 nuovi esemplari modificati da someggiati a ippotraino o traino a braccia.

L'idea era comunque di arrivare il prima possibile a una sostituzione del pezzo con un'arma a più lunga gittata, ma per la solita atavica penuria di disponibilità questo avvenne solo parzialmente con gli obici da 47/32. Nei fatti il 65/17 continuerà a d essere usato soprattutto sui fronti non metropolitani, in particolare in Africa settentrionale, Africa Orientale Italiana e fronte greco, rimanendo attivo fino alla fine del Conflitto. La Divisione Pasubio in Russia aveva ancora i 65/17 reggimentali.

Quando venne assegnato ufficialmente ai reggimenti di fanteria come cannone d'accompagnamento, questi ne ricevettero 3 pezzi a reggimento, portati poi a 4 nel 1934. In questo periodo fu anche adattato alla trazione meccanica, con la sostituzione delle ruote in legno con quelle in elektron con semi-pneumatici in gomma piena. Tuttavia questa ultima operazione non si completò nel breve come mostrano le immagini della guerra in Abissinia, dove fu largamente impiegato e dove i pezzi appaiono quasi sempre con ruote di legno. Nella guerra d'Etiopia, il cannone fu assegnato, oltre che alle batterie d'accompagnamento, anche ai gruppi di artiglieria coloniali e divisionali alpine (dotati anche dei75/13) e delle camicie nere.

Durante la guerra civile spagnola, circa 350 pezzi accompagnarono il corpo dei volontari italiani, che a loro volta li distribuirono poi anche alle forze Nazionaliste. Su questo teatro di guerra il cannone diede buona prova delle sue capacità controcarro.

In questo specifico ruolo tuttavia il cannone venne rimpiazzato, a partire dal 1935 dal più moderno 47/32 mentre le copie residue venivano assegnate a reparti di retroguardia come quella di Guardia alla Frontiera ed alle batterie della Milizia. Allo scoppio della seconda guerra mondiale, risultavano in servizio ancora 719 pezzi, compresi quelli di nuova produzione realizzati per sostituire le armi usurate o perse in Etiopia ed in Spagna.

Nonostante il prepensionamento attivato, il vecchio 65/17 durante la guerra fu ancora largamente im-

▲ Artiglieri italiani nel deserto libico con un 65/17 scudato.

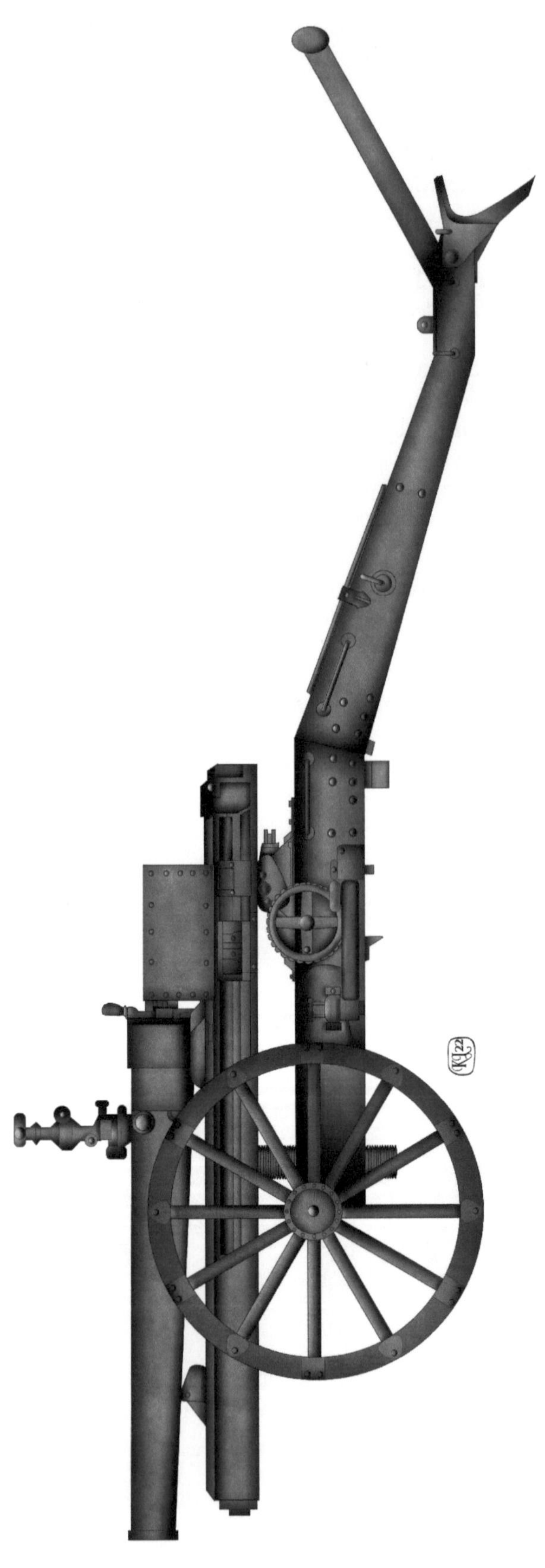

piegato in tutti i fronti. Si notò infatti, che a dispetto della vecchia ergonomia il cannone si rivelò presto superiore al 47/32 (nato proprio per sostituire il 65/17) nel ruolo anticarro, soprattutto grazie ai potenti proiettili perforanti ed EP (effetto pronto, ovvero a carica cava), distribuiti a partire dal 1942. Sui deserti libici il vecchio pezzo conobbe una seconda primavera, divenendo presto l'arma preferita per la realizzazione sul campo di autocannoni, grazie alla sua insita versatilità.

Le officine libiche del 12° Autoraggruppamento AS realizzarono diversi autocannoni sul telaio degli autocarri Fiat 634 e Morris CS8 di preda bellica, inventandosi le "batterie volanti" per cercare di contrastare la maggiore potenza delle forze corazzate britanniche. Durante la campagna di Tunisia l'80° Reggimento artiglieria della divisione autotrasportabile "La Spezia" (80ª) fu riarmato interamente su *65/17*, trainati dai motocarri Moto Guzzi Trialce (vedi foto a pag. 13). In Africa Orientale Italiana, il pezzo, studiato per essere someggiato finì con l' equipaggiare le batterie cammellate Coloniali. Ampiamente usato anche in Dalmazia dove venne persino utilizzato per armare le batterie costiere anti-sbarco. Anche i reparti della RSI e persino i tedeschi dopo l'armistizio lo misero in servizio battezzandolo come 6.5 cm GebK-246(i).

▲ Africa orientale 1935. Camicie nere della 28° Ottobre hanno in dotazione due cannoni 65/17 con ruote in legno. (Collezione dell'autore).

▼ Compagnia di artiglieria nel deserto libico con cannoni 65/17, notare le ruote metalliche.

■ CARATTERISTICHE TECNICHE

La canna era in acciaio, con rigatura sinistrorsa. L'otturatore, a vite è a manovra rapida, munito di congegno di sparo a percussione semiautomatico. La bocca da fuoco è fissata sopra una slitta che scorre sulla culla a deformazione, contenente in freno di sparo idraulico con recuperatore a molla. La culla è incavalcata su un affusto scomponibile a coda unica con assale rigido e ruote, in legno e successivamente in elektron, da 700 mm di diametro. É previsto l'utilizzo di una scudatura mobile e ripiegabile, allo scopo di proteggere i serventi. Nelle numerose immagini disponibili tuttavia si intuisce che se ne faceva un uso sporadico. Il puntamento in direzione (8°) è ottenuto con il brandeggio del portaculla su guide semicircolari dell'affusto, mentre l'elevazione avviene per rotazione della culla sugli orecchioni, posti in posizione molto arretrata. Nota curiosa: il 65/17 fu il primo cannone italiano munito di sicure contro l'apertura accidentale dell'otturatore, contro lo sparo prematuro ed accidentale e contro i ritardi di accensione.

La versione per artiglieria leggera è someggiabile suddividendolo in cinque parti, già indicate. La versione assegnata alle sezioni di fanteria è anche trainabile per mezzo di un avantreno metallico, anch'esso someggiabile. La messa in batteria era particolarmente veloce e richiedeva solo pochi minuti.

Il munizionamento ordinario era costituito da un "**cartoccio granata**" oltre a questo standard erano previsti anche altri proietti: **cartoccio granata a shrapnel**, con spoletta graduata mod.912, colorati solitamente in azzurro con una riga arancione. **Cartoccio granata per istruzione**, privi di esplosivo e dei meccanismi interni, colorati in verde chiaro. **Cartoccio a salve**, con carica ridotta e proietto di legno dolce; **cartoccio granata a doppio effetto** (aboliti con disposizione del 1° agosto 1935); **cartoccio granata perforante**, con spoletta I-90-909-R.M. Le munizioni erano trasportate in appositi cofani e muniti di maniglie per il trasporto a mano. Ciascun cofano conteneva 10 cartocci granata e due scatole per inneschi da 12 pezzi ciascuna. Ogni mulo poteva trasportare due cofani, del peso di circa 66 kg ciascuno.

▲ Guadalajara, artiglieri del Corpo Volontari Italiano in Spagna con un 65/17.

▲ Autocannone con 65/17 accanto ad uno con Breda antiaerea, montato su un autocarro Morris.

▼ Cannone 65-17 modello 1913 in un museo militare. Wikipedia foto by Fat yankey.

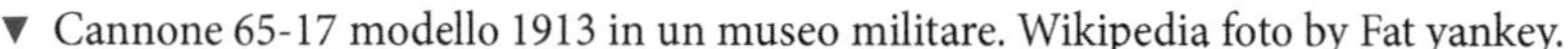

OBICE 75/13

Skoda 7,5 cm Vz. 1915 o 7,5 cm Gebirgskanone M. 15, questo è il nome di battesimo di questo buon pezzo. Un obice da montagna austriaco usato durante la grande guerra. Fu considerato talmente bene, che persino i tedeschi, secondi a nessuno nell'arte di produrre cannoni, adottarono il piccolo Gebirgskanone. L'Italia si trovò ad avere i primi esemplari in una maniera un pò avventurosa. Sequestrando in mare nel 1915 (in periodo di neutralità) un piroscafo austriaco con a bordo alcuni Skoda 7,5 destinati alla Cina. Questo venne internato a Napoli col suo carico, ma All'entrata in guerra il 24 maggio, il carico venne infine preso in carico dall'esercito. Constatata la buona qualità del pezzo venne affidata alla Ansaldo una partita di pezzi. A guerra finita e vinta l'Italia ottene a titolo di riparazioni anche parecchi cannoni dell'ex nemico. Per la precisione si contarono a più riprese un totale di quasi 700 macchine. Queste vennero immediatamente ripartite fra i reparti destinati. Vale a dire i reparti alpini e da montagna, in questo ambito il 75/13 si dimostrò più potente del piccolo 65/17 nazionale. Aveva infatti vantaggi balistici notevoli, una maggiore angolazione di tiro, possibilità di sparare una varietà maggiore di proietti. Per contro, essendo un pezzo da "someggiare" pesava assai di più, e richiedeva almeno un paio di muli in più per venire trasportato. Ciononostante il cannone fu molto apprezzato, e gli arsenali italiani ne continuarono la produzione. Fra realizzati e commesse nel 1941 l'esercito disponeva di 1.450 pezzi, molti dei quali interrati nel vallo alpino francese.

Il 75/13 ebbe il suo battesimo di fuoco in Abissinia e poi nella Guerra Civile Spagnola. In Africa parteciparono all'impresa circa 300 pezzi!

Sta di fatto che con tutti i suoi pregi il cannone negli anni 30 cominciò a mostrare i suoi anni, specialmente se paragonato con le nuove macchine. Ma ancora occorre ricordare la deficitaria situazione economica della nazione, che pensò di sostituire il cannone con uno più moderno e performante, ma la cosa rimase nel cassetto, e d ancora a fine 1942 vi erano oltre 1200 pezzi ancora attivi.

Il cannone operò in tutti i fronti di guerra ad eccezione dell'Africa del Nord. Venne usato soprattutto sul

▲ Uno Škoda 7.5 cm Gebirgskanone M.15 austriaco. Simbolo della guerra alpina nel 1915-18!

▲ Sopra: Obice da 75/13 del Gruppo Artiglieria "Bergamo" della Div. "Monterosa" pronto ad aprire il fuoco sul fronte della Linea Gotica in Garfagnana (*Archivio "Monterosa"*).

Sotto: Sezione di obici da 75/13 del Gr. Art. "*San Giorgio*" Rgt. Art. "*Condottieri*" della Div. "*Decima*" durante la battaglia di Tarnova (*Archivio Panzarasa*)

OBICE 75/13 PREDA BELLICA AUSTRO-UNGARICA - TEATRO EUROPEO 1940-1945

fronte Greco-Albanese, particolarmente adatto alle sue caratteristiche. Li nella prima parte del 1941 ne furono inviati oltre 600. Assai meno in Russia e qualche decina in AOI. Nelle steppe russe, in dotazione alle divisioni alpine venne utilizzato in qualità di controcarro.

Dopo l'armistizio il pezzo passò in "eredità" alla RSI e alla CIL. Anche i tedeschi però parteciparono alla spartizione, e la Wehrmacht, insieme con la 29. Waffen-Grenadier Division der SS lo utilizzarono ampiamente con la denominazione di *7,5 cm GebK 259(i)* (cannone italiano da montagna 259 da 75 mm).

Dopo la guerra l'obsolescente 75/13, fu assegnato al ricostituito l'Esercito Italiano, che lo rimise in servizio nelle batterie da montagna delle brigate alpine (*Taurinense*, *Tridentina*, *Julia* e successivamente *Orobica* e *Cadore*), fino alla sua definitiva sostituzione con il 105/14 Mod 56, tra la fine degli anni '50 e l'inizio degli anni '60.

Così, quello che era stato, lo Skoda, il 7,5 cm Gebirgeschutze M. 15, probabilmente il migliore pezzo da montagna, messo in linea dai nostri avversari poco dopo lo scoppio della Grande Guerra, finirà con l'andare in pensione quasi mezzo secolo più tardi.

Oggi questo cannone, insieme ad altri lo si può incontrare facilmente nei cortili delle caserme alpine, in piazze cittadine, in parchi delle rimembranze un pò in tutta Italia. Spesso utilizzato da animosi bambini che certo non immaginano quali storie stavano dietro a queste Armi.

DATI TECNICI:	
Entrata in servizio	1920
Peso in batteria	620 kg
Peso proiettile	5 kg
Velocità iniziale proiettile	354 m/sec
Settore di tiro orizzontale	7°
Settore di tiro verticale	-10° / +50°
Gittata massima	8.200 metri
Celerità di tiro	min 6/max 10 al minuto
Numero pezzi a disposizione nel 1942	1213

▲ Un 75/13 italiano ex Škoda 7.5 cm austriaco. Conservato al parco della Rocca di Bergamo. Foto dell'autore.

Il cannone da 75/13 era someggiabile, ed era suddivisibile in sette parti caricate su altrettanti muli, il carico più pesante era di 106 kg (testata dell'affusto) ed il carico minimo di 100 kg (coda e ruote), il peso di basto e bardatura dei muli sommava circa altri 45 kg al carico dell'animale· immaginatevi quindi la fatica dell'animale. E anche la fatica degli alpini.. Vi sono innumerevoli foto che mostrano questi soldati portare a spalle componenti di questo pezzo. Il pezzo someggiabile veniva scomposto nei seguenti 7 carichi: obice – testata – slitta – culla - coda e ruote – scudo d'affusto – scudi mobili.

Le munizioni della batteria sono trasportate a soma. Ogni mulo porta 4 cassette, ciascuna delle quali contiene 3 colpi. Queste cassette contenenti portavano i colpi con il proiettile tenuto separato dal bossolo da una traversa. Il pezzo poteva anche essere trainato, su strade con pendenza non troppo elevata, data la mancanza di un freno di via.

La bocca da fuoco era d'acciaio, composta di tubo anima e manicotto di cerchiatura portante l'otturatore.

Il congegno di chiusura era: a cuneo orizzontale parentesi verso destra (manovra rapida con leva di maneggio, manovella e biella). – Chiusura ermetica a bossolo metallico. Infine l'affusto era coda unica, a scorrimento sulla sala per il puntamento in direzione; orecchioni arretrati e rinculo variabile; aumento di massa rinculante con slitta a manicotto. – Freno di sparo a manicotto rotante; ricuperatore a molla.

Il munizionamento ordinario del 75/13 nel 1943 era costituito da:

- una granata da 75 (370 g di tritolo, v_o 354 m/s)
- granata da 75 ad alta capacità (670 g di tritolo, v_o 378 m/s)
- granata 75/13 mod 32 (610 g di tritolo, v_o 349 m/s)[8]
- shrapnel da 75 (216 pallette Ø 12,7 mm e 13,4 mm, v_o 356 m/s)[9]
- granata perforante da 75 mod 32 a innesco posteriore (270 g di esplosivo, v_o 350 m/s)[10]
- granata EP (a carica cava)
- granata EPS mod 42 (v_o 396 m/s)[11]
- granata a gas (lacrimogeno, vescicante, irritante)
- granata fumogena
- granata a grande capacità caricata a fosforo bianco
- granata per scuola di tiro (fumogena)

▲ Un 75/13 trainato dagli alpini in batteria.

▲ Un 75/17 trainato da un solo mulo.

▲ Particolari dei 75/13 conservati al parco della Rocca di Bergamo. Foto dell'autore.

CANNONE DA 75/27 MOD. 11 - TEATRO SPAGNOLO 1936-1939 ED EUROPEO 1940-1945

CANNONE 75/27

Con questo nome si fa riferimento a tre diversi modelli: 1l 1906, il 1911 e il 1912. Come dice il nome del primo modello, tutto ha inizio nel 1906 quando presso il Regio Esercito entra in servizio il cannone da 75 mm Krupp a tiro rapido, che avrà il suo battesimo di fuoco già nel 1910 durante la guerra di Libia. La valutazione operativa dei risultati del cannone non fu però delle migliori. All'arma si rimproverava scarsa mobilità su terreno vario e settori di tiro eccessivamente ridotti. Alla luce di queste problematiche la scelta del Krupp venne riconsiderata. Ora entrarono in gara tre diversi fornitori: Schneider, Déport e Krupp. In seguito alle sperimentazioni effettuate fu deciso di adottare il modello Déport da 75 mm a tiro rapido. La produzione effettiva del cannone avvenne su licenza da parte di un consorzio di parecchie ditte presieduto dalla Vickers-Terni e dalla Società Acciaierie Terni.

Il 75/27 Mod. 1911 cosi ottenuto si affiancò quindi al Mod. 1906 nei reggimenti artiglieria da campagna. L'avvicinarsi del primo conflitto mondiale richiedeva urgentemente un buon numero di questi cannoni, ma la Krupp tedesca non avrebbe più potuto fornire i suoi cannoni, che da allora furono commissionati direttamente All'Ansaldo.

Allo scoppio della guerra, nel 1915 per l'Italia, il 75/27 era presente con un numero di 500 pezzi dei due modelli. Tutti questi cannoni furono dati in organico ai reggimenti di artiglieria delle divisioni di fanteria e dei corpi d'armata. Il buon *75/27 Mod. 1911*, grazie alle sue caratteristiche superiori a quelle dei corrispondenti materiali austriaci (*Škoda 8 cm Vz. 1905*), permise all'artiglieria da campagna italiana di operare vantaggiosamente nei confronti di quella nemica.

Nel corso della guerra il numero dei pezzi, di entrambi i modelli crebbe vertiginosamente, tanto che, nel novembre 1917, erano in linea 488 batterie con 1931 cannoni di entrambi i modelli. La rotta di caporetto comportò la perdita di circa 200 di questi cannoni, ciononostante alla fine del conflitto, i 75/27 mod. 11 erano ancora in buon numero, circa 800.

A causa della propria struttura agile, il 75/27 mod. 11 fu presto impiegato anche nella difesa contraerea, allora possibile anche in virtù della scarsa velocità degli aerei del tempo. Tanto da essere il pezzo più utilizzato dal Regio Esercito in funzione contraerei del conflitto, arrivando ad armare 43 batterie verso la

▲ Un 75/27 mod. 11 conservato al Vittoriale degli italiani a Gardone (BS). Foto dell'autore

CANNONE DA 75/27 - TEATRO NORD AFRICANO 1940-1945

DATI TECNICI:		
	Mod. 1906	Mod. 1911*
Entrata in servizio	1906	1911
Peso in batteria	1.015 kg	1.075 kg
Peso proiettile	6,3 kg	6,3 kg
Lunghezza totale bocca da fuoco	2,250 metri	2,132 metri
Angolo di tiro	7°	53°
Settore di tiro verticale	-10° / +16°	-15° / +65°
Gittata massima	10.200 metri	10.200
Celerità di tiro	min 6/max 8 al minuto	min 6/max 8al minuto
Numero pezzi disponibili giugno 1940	1699	1341

* Il terzo modello, 75/17 mod. 1912 fu in pratica uno sviluppo del mod. 1906, studiato per venire utilizzato con treni di pariglie di cavalli. Allo scoppio della seconda guerra mondiale, furono messi a disposizione solo una cinquantina di pezzi assegnati ai reggimenti di artiglieria delle divisioni celeri, operando principalmente in Russia. la divisione celere PADA venne trasformata in motorizzata e la componente di cavalleria, il reggimento Savoia e le batterie a cavallo, vennero riunite nel Raggruppamento truppe a cavallo o "Raggruppamento Barbò" che è, tra l'altro, quello della famosa carica di Isbushenskij dell'agosto 1942.

fine della guerra. Il Mod. 11 ebbe un buon successo suscitando l'interesse di Francia, Russia e Romania che ordinarono alcuni cannoni. Nel primo dopoguerra il pezzo rimase in linea con i reggimenti di artiglieria delle divisioni di fanteria, furono studiate migliorie e perfezionamenti sul pezzo, in particolare per raggiungere una gittata superiore di almeno 12 km e per adattare il pezzo al consueto traino meccanico elastico. Il problema della gittata venne ottenuto lavorando su un nuovo munizionamento, a cartoccio bossolo cioè a carica variabile, che aumentava la gittata di 2 km. Altri adattamenti furono l'uso del carrello elastico autotrainabile su cui veniva caricato il cannone, e anche la revisione delle ruote lignee che in buona parte furono sostituite da ruote metalliche gommate, almeno per i gruppi assegnati alle unità motorizzate. Tuttavia durante la seconda guerra mondiale si incontravano con consuetudine numerosi cannoni da 75/27 con le ruote in legno originali (lo stesso discorso fra l'altro valeva per pezzi di calibro maggiore, come il 105/28 ed il 105/32 quest'ultimo sempre con tutte le ruote di legno).

▲ Batteria di 75/27 trainati da Fiat-SPA TL37. Notare l' apposito carrello elastico. Wikipedia licenza CC1

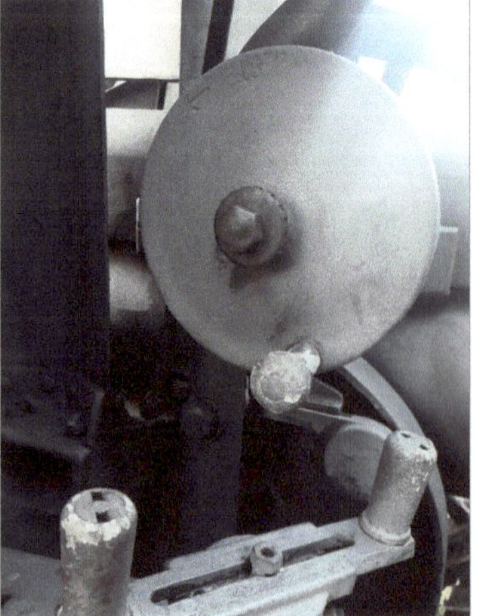

▲ Particolari dei 75/27 conservati al parco della Rocca di Bergamo. Foto dell'autore.

La forma lunga e particolare del cannone procurava comunque non poche difficoltà al sistema di traino adottato. Il problema verrà risolto solo tempo dopo con l'utilizzo di trattori ruotati Pavesi P4, e successivamente di trattori cingolati Fiat-OCI 708 CM e ruotati TL37. Nel 1936 furono inviati in Spagna un centinaio di questi pezzi per partecipare con il CTV alla guerra civile spagnola.

Come già ricordato per i calibri bassi già illustrati, anche il 75/27 diventò completamente obsoleto per l'uso come artiglieria da campagna, a causa della scarsa efficacia delle granate Sparate. Nel 1940 l'Italia era l'unica con la Francia ad avere ancora in linea artiglierie da campagna di tale calibro, mentre le altre nazioni usavano questi pezzi nella sola funzione di controcarro.

I cannoni *75/27 Mod. 1911* furono venduti alla Polonia e ceduti alla Spagna successivamente alla guerra civile. Si stimano cessioni per circa 330 cannoni.

■ LA SECONDA GUERRA MONDIALE

Allo scoppio del conflitto, la massima parte delle artiglierie era ancora ippotrainata, per quanto riguarda i *75/27 Mod. 11*, solo 268 sui 1300 disponibili erano stati predisposti al traino meccanico.

Come altre armi, non tutti i fronti videro la presenza di questa arma, e nello specifico il cannone *75/27 Mod. 11* non fu reso operativo nell'Africa Orientale.

I *75/27 Mod. 1911* furono invece massicciamente utilizzati sul fronte russo, mentre sul fronte nord Africano venivano utilizzati entrambi i modelli ma fu preferito il più rustico *75/27 Mod. 1906*. In Libia nel 1942 erano presenti 138 pezzi, ridotti a 10 dopo la battaglia di El Alamein e l'abbandono dell'Africa.

Questo cannone, come gli altri calibri leggeri, finì gioco forza a svolgere il ruolo di pezzo controcarri, utilizzando anche granate a carica cava, tuttavia analisi e studi fatti dai genieri tedeschi sulla reale efficacia dell'uso controcarro del 75/27 fu completamente disarmante. Il tiro contro i carri sovietici T-34 faceva loro solo "solletico". Nonostante ciò lo Stato Maggiore continuò ad utilizzarlo anche in questa chiave, solo per constatare, oltre ogni ragionevole dubbio una certa efficacia del tiro solo se a distanza comprese nei 100 metri.... Dopo l'8 settembre 1943, come consuetudine per ogni arma italiana a disposizione, anche i pezzi da 75/27 furono requisiti dai tedeschi e da loro ridenominati **7,5 cm FK 244 (i)**.

▲ Un 75/27 mod.11 accanto al suo avantreno. Conservato al parco della Rocca di Bergamo. Foto dell'autore. Nella foto piccola: Cannone da 75/27 mod. 911 in servizio nella 7ª Btr. del II Gr. Art. P.C. sulla costa ligure (*Archivio Scarone*)

L'ultimo impiego noto per il 75/27 risale al 1950.

■ CARATTERISTICHE TECNICHE

Il pezzo era su un affusto ruotato, con ruote in legno a razze, obsolete nel secondo conflitto mondiale poiché ne limitavano fortemente la possibilità di traino meccanico. Questo in sintesi fu il problema più grave del pezzo, unitamente poi al basso calibro. La canna era formata da due pezzi, anima e manicotto, collegata alla culla da due lisce per la guida nel corso del rinculo. L'otturatore era a vite, con tenuta assicurata dall'espansione del bossolo in ottone. Il meccanismo di percussione era in una scatola applicata al vitone dell'otturatore, ed era composto da massa battente, percussore, grilletto, leva di armamento.

Il primo modello 1906 era immediatamente riconoscibile dalla forma dell'affusto che era singola mentre era del tipo a doppia coda per il Mod. 1911. Fatto questo che migliorava parecchio la stabilità del pezzo operativo permettendo di avere quattro punti di appoggio al terreno.

Il sistema di rinculo era combinato, per permettere al pezzo alzi elevati senza che si rischiasse che la culatta urtasse contro il terreno durante il rinculo. Il sistema di rinculo combinato era ottenuto dotando l'affusto di due organizzazioni di organi elastici indipendenti, non presenti sul modello 1906.

Il congegno di elevazione agiva sulla culla della bocca da fuoco, quindi l'elevazione della bocca poteva essere ottenuta sia agendo sulla sala sia agendo sulla culla.

Le code dell'affusto nel mod. 1911 erano di lamiera a sezione rettangolare e terminavano con una cassa girevole in cui alloggiavano vomeri a coltello che venivano fissati al terreno. Alla sala erano fissati lo scudo dello spessore di 4 mm ed il freno per il bloccaggio manuale delle ruote. Il meccanismo di puntamento era a cannocchiale panoramico fornito di dispositivi di correzione per lo sbandamento e per la derivazione.

Il traino animale (su tre pariglie per un totale di sei cavalli) era effettuato unendo al cannone un avantreno con cassone contenente 32 cartocci proietto, su cui potevano trovare posto fino tre serventi. Per il traino meccanico (tipicamente con trattore d'artiglieria Fiat-SPA TL37) il pezzo veniva caricato su un carrello elastico ammortizzato inserito internamente alle sue ruote, sotto la sala.

Munizionamento tipico del 75/27 nel primo conflitto mondiale

- granata caricata a tritolo o schneiderite
- shrapnel caricato con 360 pallette da 9 g o 260 da 12 g
- granata con spoletta a percussione Schneider (costruzione francese)
- granata dirompente per tiro contraerei
- granata chimica con 400 g di liquido lacrimogeno o gas asfissiante o miscela nebbiogena
- granata inerte (per esercitazione)

Munizionamento tipico del 75/27 nel secondo conflitto mondiale

- granata ordinaria da 75
- shrapnel caricato a pallette
- granata a grande capacità
- scatola a mitraglia (238 pallette di piombo da 16 mm)
- granata perforante esplodente
- granata Mod. 32
- granata ordinaria Mod. 34/36
- granata a doppio effetto
- granata 1900/15N (di provenienza francese)
- granata Mod. 17 (di provenienza francese)
- granate EP (effetto pronto) o EPS (effetto pronto speciale) o EPS Mod. 42 (a carica cava)
- proiettili a grande capacità fumogeni/incendiari
- granata chimica lacrimogeno o vescicante
- granata a caricamento speciale per scuola di tiro

▲ Particolari del 75/27 e del suo avantreno conservati al parco della Rocca di Bergamo. Foto dell'autore.

CANNONE DA 77/28 - TEATRO EUROPEO E NAZIONALE 1940-1945

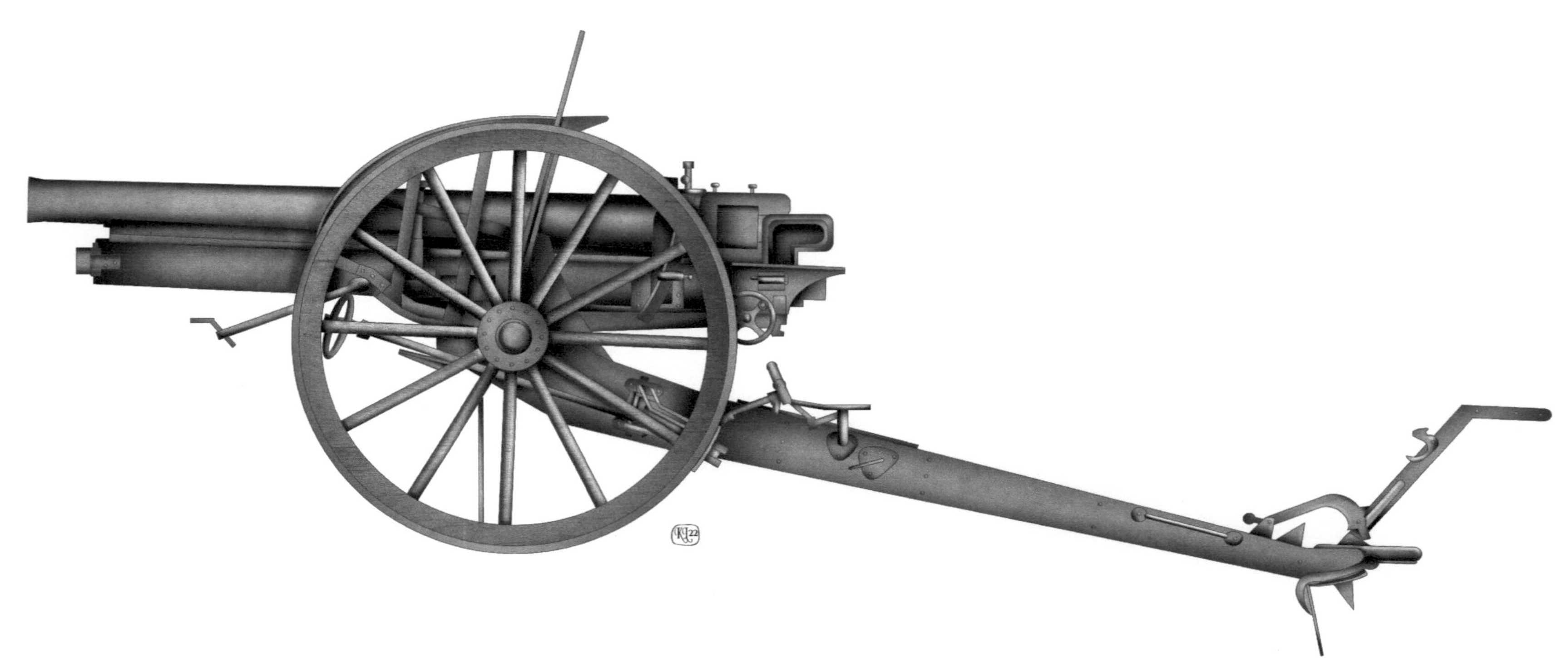

CANNONE 77/28

Altro cannone di provenienza di preda bellica, il 77/28 altro non era che il cannone austro-ungarico Böhler 8 cm Vz. 1905 o 8 cm Feldkanone M. 5. Nato e concepito come cannone da Campagna. In tale veste fu impiegato dall'Imperial regio esercito austro-ungarico e, dal primo dopoguerra, da diverse altre nazioni. L'Italia ne acquisì un discreto numero sia quale preda bellica sia in conto riparazioni di guerra, e provvide a s utilizzarlo nei suoi reparti come molte altre armi austro-ungariche. Costruito dalla Böhler, dopo la guerra tutte le successive varianti come la Mod. 5/8 furono sviluppate dalla Skoda.

I 250 cannoni 77/28 circa, che l'Italia portò allo scoppio della seconda guerra mondiale erano stati concepiti alla loro nascita per l'uso in montagna, di conseguenza potevano essere smontati e someggiati in tre carichi separati.

Il Regio esercito utilizzò il cannone austriaco soprattutto nelle proprie colonie, reputandolo nei fatti un modello già vetusto, quindi usato solo in funzione di pezzo da posizione e difesa.

In AOI (dove volevamo risparmiare sul materiale bellico) costituiva il grosso dell'artiglieria schierata in quella Campagna. Come per tutte le colonie il 77/28 era presente anche in Libia nelle zone di frontiera, andando quindi quasi tutto perduto nel corso della prima offensiva inglese nel 1940.

I 77/28 rimasti a partire dal 1942 furono redistribuiti sempre in Africa Settentrionale alle divisioni *Brescia*, *Bologna* e *Pavia* in funzione controcarro. Al seguito di questi reparti presero parte alla campagna di El Alamein e successiva ritirata in Tunisia. Qui i pochi pezzi rimasti vennero assegnati ad alcune divisioni, come la *Centauro*, la *Spezia* e la *Trieste*, oltre che al Raggruppamento Sahariano.

Dopo il settembre del 1943 alcuni di questi cannoni furono catturati dalla Germania nazista, cambiando la loro denominazione in 7.65 cm FK(i) (i= italien). La versione originale cessò del tutto il servizio dopo la seconda guerra mondiale, con solo pochi esemplari rimasti in arsenali in Italia.

▲ Il cannone austro-ungarico Böhler 8 cm Vz. 1905 o 8 cm Feldkanone M. 5, (77/28 in Italia). Wikipedia

■ CARATTERISTICHE TECNICHE

Di disegno convenzionale, la sua caratteristica principale e che balzava subito all'occhio era la obsoleta e anacronistica canna di bronzo. Fu il frutto di una situazione forzata poiché l'Impero austro-ungarico aveva avuto serie difficoltà a produrre acciaio di qualità adeguata.

Questo fatto insieme ad altri comportò un procedere lento nella progettazione e creazione del cannone. Problema principale era causato dall'indecisione sul sistema di rinculo e sul tipo di culatta.

Detta canna, semplice o tubata in acciaio, pesava insieme all'otturatore a cuneo orizzontale a manovra rapida circa 355 kg; con la sua slitta a coda di rondine si inserisce sulla culla, che ospita il freno di sparo idropneumatico a scanalature nel cilindro con spina tuffante ed il recuperatore a molla per il ritorno in batteria. L'affusto è a coda unica, con ruote in legno da 1300 mm di diametro e carreggiata di 1610 mm; sulla scudatura, spessa 4,5 mm

Sulla scudatura esterna sono ricavati, in posizione di contromarcia ai lati della canna, due sedili per i serventi. Il traino è animale con 3 pariglie di cavalli ed avviene agganciando il pezzo ad un avantreno. La vettura-pezzo così composta raggiungeva il peso di 1900 kg.

Oltre al primitivo traino animale, il 77/28 venne successivamente adattato al traino meccanico con il sistema del carrello elastico. In altri casi il Regio Esercito, lo adottò anche per l'autotrasporto, caricando il pezzo fissandolo al cassone di un autocarro.

Mod. 5/8

Il *Mod. 5/8* differiva dagli altri per il fatto che, per il traino in montagna, poteva essere scomposto e trasportato (someggiato) in 3 sezioni su appositi carrelli. Detto traino si componeva di:

- *vettura cannone e culla* pesante 685 kg;
- *vettura scudo e sala* pesante 500 kg;
- *vettura affusto* pesante 500 kg.

Munizionamento tipico del 77/28 durante la seconda guerra mondiale:

- granata a d.e. da 77 originale: in acciaio, pesante (cartoccio granata completo) 6,400 kg, caricata con tritolo fuso o toluolammonal o esplosivo 60/40.
- granata ad anelli da 77 originale: in acciaio, pesante (cartoccio granata completo) 6,530 kg, caricata con toluolammonal o ecrasite o esplosivo 60/40.
- granata da 77 originale: in acciaio, pesante (cartoccio granata completo) 4,800 kg, caricata con ammonal.
- granata da 77: in acciaio, pesante (cartoccio granata completo) 6,240 kg, caricata con tritolo fuso o toluolammonal o esplosivo 60/40.
- granata da 77 corta: in acciaio, pesante (cartoccio granata completo) 4,695 o 4,687 kg, caricata con tritolo o ammonal.
- granata-shrapnel da 77: in acciaio, con pallette di piombo, del peso (cartoccio granata completo) di 6,50 kg.
- granata-shrapnel da 77: in acciaio, con pallette di ferro, del peso (cartoccio granata completo) di 6,50 kg.
- granata a pallette da 77 originale: in acciaio, con pallette di piombo, del peso (cartoccio granata completo) di 6,64 kg.
- granata a pallette da 77 originale: in acciaio, con pallette di ferro, del peso (cartoccio granata completo) di 5,65 kg.
- shrapnel da 77: in acciaio, con pallette di piombo e ferro, del peso (cartoccio granata completo) di 5,619 kg.
- cartoccio scatola a mitraglia da 77/28: la scatola a mitraglia è un involucro di zinco, contenente 210 pallette di piombo-antimonio.

DATI TECNICI:	
Entrata in servizio	1917
Peso in batteria	1.050 kg
Peso proiettile	6,4 kg
velocità iniziale proiettile	554 m/sec
Angolo di tiro	8°
Settore di tiro verticale	-7° / +18°
Gittata massima	7.300 metri
Celerità di tiro	10 al minuto
Numero pezzi a disposizione nel 1940	245

▲ Altre due immagini d'epoca del cannone austro-ungarico Böhler 8 cm Vz. 1905. Wikipedia

▲ Un 77/28 conservato al parco delle Rimembranze di Merate (LC). In piccolo sopra un 77/28 dell'esercito Italiano in Africa Settentrionale 1942 circa. In piccolo sotto 77/28 munito di ruote gommate. Museo Storico della Guerra di Rovereto. Archivio Finazzer

▲ Vari particolari del 77/28 conservati in parchi tematici. Wikipedia CC1

OBICE 100/17

Come già ampiamente ricordato alla fine della Prima Guerra Mondiale l'Italia aveva acquisito in conto riparazioni di guerra dall'ormai ex nemico austro ungarico un'enorme quantità di materiale bellico; per l'esercito la massa principale consistette nelle artiglierie. Tra queste anche l'obice da 100/17, sempre realizzato dalla Skoda prima della guerra, realizzato poi in due modelli, uno del 1914 (trainabile da pariglie animali, ossia con muli o cavalli) ed il successivo nel 1916 (da montagna). Negli arsenali italiani nei primi anni '20 si contarono ben 2694 obici da 100/17, di questi 1222 acquisiti come preda bellica, il restante in conto riparazioni di guerra.

Durante la prima guerra mondiale e per tutto il conflitto, il pezzo dimostrò ottime doti complessive. Il 100/17 era un obice semplice, molto robusto e compatto, capace di sparare e operare a lungo senza problemi. I pezzi una volta acquisiti dall'Italia furono tutti revisionati dall'Arsenale del Regio Esercito di Torino (ARET), che si avvalse anche della collaborazione di terzi. Fra le migliorie più significative nel 1932 vi fu l'adozione di nuovi proiettili, appunto i Mod. 32 che permettevano di ottenere una gittata maggiore di circa 500 m. Il 100/17 ebbe il suo battesimo di fuoco in AOI e successivamente fu impiegato dal Corpo Truppe Volontarie nella guerra civile Spagnola. Parte di questi pezzi venne poi lasciato alla Spagna Franchista. Nel 1919 la Škoda, oramai non più austriaca, realizzò per l'esercito cecoslovacco una versione del cannone campale con canna allungata a 24 calibri (22 secondo il sistema italiano) denominata Škoda 10 cm Vz. 1914/1919 che venne adottata da Polonia, Grecia e Jugoslavia.

Questi vennero catturati e reimpiegati dalla Wehrmacht, che ne cedette alcuni al Regio Esercito durante la guerra che saranno ridenominati obici 100/22.

I pezzi equipaggiavano molte batterie da posizione della Guardia alla Frontiera, mentre il Regio Esercito assegnò una batteria per ogni reggimento di artiglieria divisionale. All'inizio della seconda guerra il Regio esercito disponeva di : 325 obici *Mod. 14* a traino animale o in postazione fissa, 199 obici *Mod. 14* a traino meccanico e 181 obici da montagna *Mod. 16*. In operazione, specialmente nel deserto libico i 100/17 si dimostrarono presto inferiori alla controparte avversaria (il 25 libbre britannico).

Come già per molti altri cannoni ex WW1 le "autarchiche" ma ingegnose officine libiche installarono il pezzo sull'autocarro Lancia 3Ro ottenendo l'autocannone 100/17. Nel giugno 1943 erano disponibili per il Regio Esercito ancora 37 gruppi armati con obici *Mod. 14* a traino meccanico.

▲ Obice 100/17 Skoda revisionato Italia. Parco della Rocca di Bergamo (foto dell'autore).

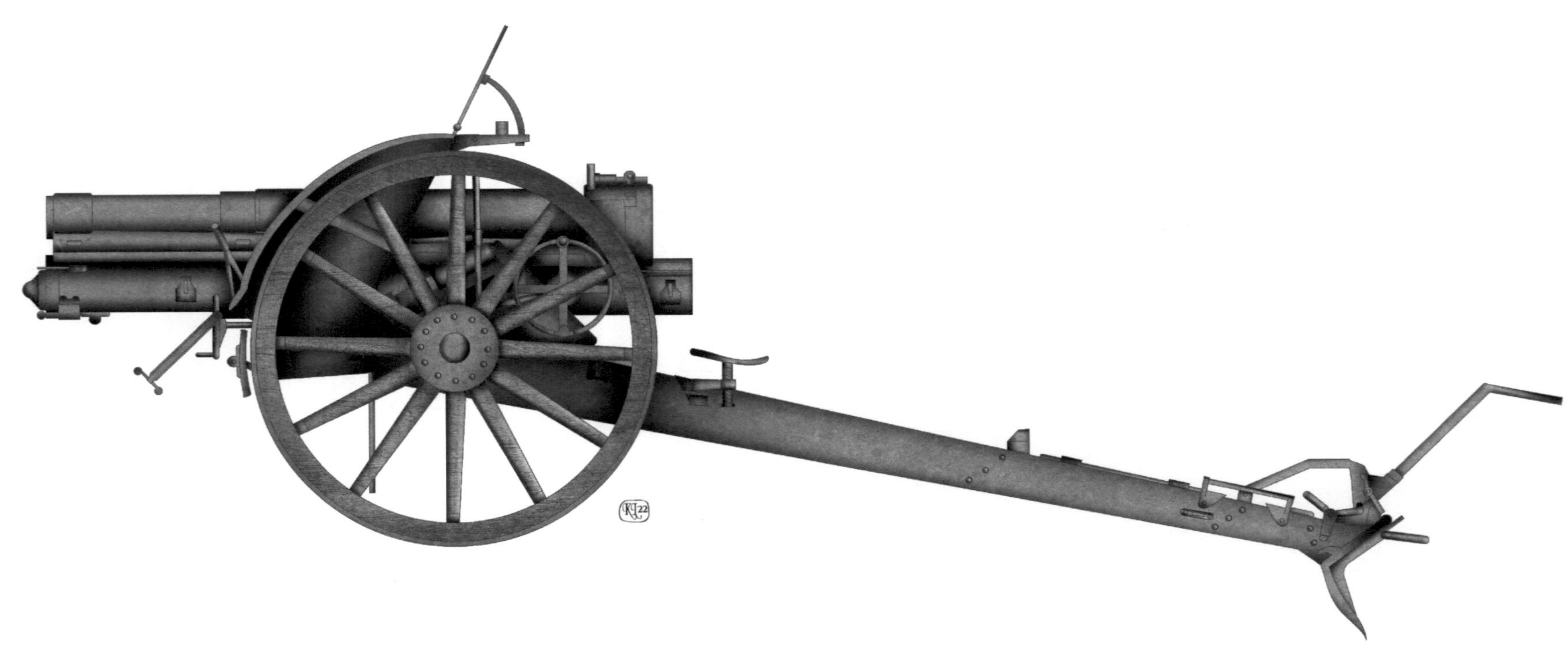

DATI TECNICI:	
Entrata in servizio	1914
Peso in batteria	1.417 kg
Peso proiettile	11,50 / 13,8 kg
velocità iniziale proiettile	430 m/sec
Angolo di tiro	5°
Settore di tiro verticale	-8° / +48°
Gittata massima	9.200 metri
Celerità di tiro	4/6 colpi al minuto
Numero pezzi a disposizione nel 1940	1.705

Anche il 100/17, seppure assai poco adatto allo scopo, fu utilizzato a volte in funzione contro-carro, e in tale ruolo vennero predisposti proiettili a carica cava (EP, disponibili dalla seconda metà del 1942 e EPS disponibili dal maggio 1943), efficaci anche contro i T-34 sovietici..

Oltre agli esemplari catturati dai tedeschi successivamente all'8 settembre 1943 e da loro ridenominati *10 cm leFH 315(i)*, alcuni pezzi furono, come consuetudini utilizzati da reparti della RSI.

Successivamente, nel secondo dopoguerra il pezzo fu adattato all'uso come artiglieria da montagna, con le denominazioni "100/17 Mod. 14 mont" e "100/17 Mod. 16 mont" dopo una serie di modifiche effettuate presso l'Arsenale militare di Napoli. Il pezzo rimase cosi operativo per circa altri 40 anni!

Il più famoso di questi pezzi ancora oggi, ogni giorno spara un colpo a salve dal Gianicolo a ricordare a tutti i romani il mezzogiorno.. In realtà si tratta però di un pezzo postbellico mod. 14/61.

▲ Particolari dell'obice 100/17 Skoda revisionato Italia. Parco della Rocca di Bergamo (foto dell'autore).

OBICE DA 100/17 MOD. 14 - TEATRO AFRICA SETTENTRIONALE 1940-1943

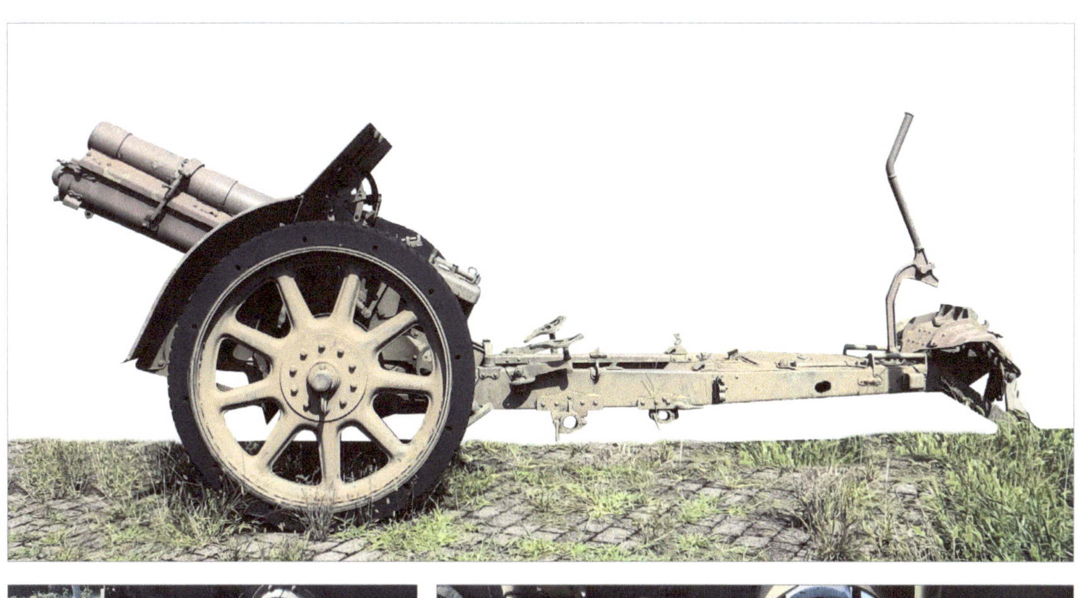

▲ Particolari dell'obice 100/17 mod. 32. Presso il sacrario di Pontida (BG). Foto dell'autore

■ CARATTERISTICHE TECNICHE

L'obice era ben costruito in acciaio ed aveva un otturatore a cuneo con apertura orizzontale (quindi di semplice utilizzo anche per le reclute), l'affusto era a coda unica ma con larga apertura centrale che ne favoriva l'alzo elevato. Trattandosi di un pezzo abbastanza pesante, a differenza dei piccoli calibri da 65 e in parte 75, questo andava sempre trainato, nell'esercito austroungarico il traino era solo animale. Ma negli anni 30 e 40 i tempi erano maturi per passare ad una meccanizzazione operativa. Il Regio Esercito volle quindi equipaggiarlo col trattore d'artiglieria Fiat-SPA TL37. Per permetterne la fattibilità, le vecchie ruote di legno andavano sostituite come abbiamo visto in tutti i modelli ci cui abbiamo finora parlato.

Si dovette quindi sostituire le vecchie ruote con modelli in elektron adatte alla percorrenza su strada.

Il pezzo così ammodernato ricevette la denominazione italiana di 100/17 mod. 35 che si univa quindi ai restanti mod.14 e mod. 16. Questi insieme al 75/27 costituì la grande ossatura delle artiglierie divisionali italiane.

A dimostrazione della buona fattura dell'obice basti ricordare che lo stesso rimarrà operativo nell'esercito italiano fino ai primi anni '80!

Munizionamento tipico del 100/17 durante la seconda guerra mondiale:
- granata a esplosivo da 100
- granata a doppio effetto da 100
- granata a pallette (shrapnel) da 100
- granata da 100 Mod. 32
- granata a doppio effetto da 100 Mod. 32
- granata a doppio effetto da 100 Mod. 36
- proietto perforante EP (effetto pronto - a carica cava)
- proietto perforante EPS (effetto pronto speciale - a carica cava)
- granata Mod. 23 (polacca)
- granata Mod. 28 (polacca)
- granata da 100 Mod. 32 a codolo vescicante
- granata da 100 Mod. 32 lacrimogena
- granata da 100 Mod. 32 fumogena
- granata da 100 Mod. 32 fumogeno-incendiaria
- granata da 100 Mod. 32 a recipiente irritante

▲ Particolari dell'obice 100/17 Mod. 32. Parco della Rocca di Bergamo (foto dell'autore).

CANNONE 105/28

Il cannone da 105/28 fu un pezzo di artiglieria voluto e poi utilizzato dal Regio Esercito nel corso della prima e della seconda guerra mondiale come artiglieria pesante campale (termine che dal 1935 al 1946 mutuò in artiglieria di corpo d'armata). Il 105/28 fu presente praticamente ovunque oltre che in Italia, sul fronte Nord Africano, sul fronte Greco e anche sul fronte Russo.

Dopo la seconda guerra mondiale, come già altri pezzi, si ritenne idoneo per continuare ad equipaggiare alcune batterie dell'artiglieria pesante campale dell'Esercito Italiano. Motivo principale dell'adozione del pezzo, come detto fu quella di sostituire ai vecchi 75 da affiancare agli obici da 149/12. Il nostro Stato Maggiore optò allora sul modello francese Schneider (a sua volta derivato dal russo Putilov da 107mm), la cui produzione fu affidata su licenza all'Ansaldo.

Al tempo si sfiorò l'incidente diplomatico, poiché l'Italia in quegli anni era ancora alleata della Germania. Il cannone fu quindi ordinato segretamente all'Ansaldo (collegata alla Schneider) nel luglio 1914, richiedendo solo modifiche minori, di cui la più rilevante riguardava il puntamento in direzione del pezzo.

La produzione del 105/28 iniziò nel settembre 1914, e fu operativo nel settembre 1916. Fu affiancato agli obici 149-A nei gruppi dell'artiglieria pesante campale, assegnata a livello di corpo d'armata. I compiti di questa duo di armi erano il tiro di controbatteria, il fuoco contro truppe nemiche e l'azione contro truppe al riparo e contro manufatti.

Poco prima della fine della guerra, nel 1918 erano in linea 426 complessi. Rispetto ai corrispondenti cannoni austriaci il 105/28 aveva una gittata più corta di circa 2 km, ma pesando assai meno era più manovrabile. Altro gran pregio del 105/28 fu la sicurezza del pezzo, che per tutto il conflitto fece registrare pochissimi incidenti tecnici.

Dopo la prima guerra mondiale, e massimamente negli anni '30, lo Stato Maggiore avvertì, anche per questi pezzi, la necessità di adattarli al traino meccanico per questo pezzo. La soluzione, tradizionale fu il solito carrello elastico con sospensioni, che veniva utilizzato per il rimorchio. Il trattore scelto inizialmente fu l'autocarro pesante Fiat 18 BLR e altre trattrici, sostituito poi dall'affidabile Pavesi P4. Oltre al pezzo il traino meccanico fu utilizzato anche per le munizioni, con un apposito rimorchio (carro rimorchio mod 34 tipo Arato) che trasportava da 100 a 120 colpi completi per il pezzo. Un difetto che si riscontrò subito in questo tandem fu la bassa velocità garantita dal Pavesi (circa 18 km/h), mentre all'estero già si vantava una velocità media di traino attorno ai 40 km/h. Per ovviare a ciò nel 1937 furono infine sostituite le ruote lignee del pezzo, utilizzando ruote più resistenti in elektron.

▲ Il cannone 105/28 (Schneider). Wikipedia CC1

DATI TECNICI:	
Entrata in servizio	1916
Peso in batteria	2.170 kg
Peso proiettile	15,6 kg
velocità iniziale proiettile	565 m/sec
Angolo di tiro	14°
Settore di tiro verticale	-5° / +37°
Gittata massima	12.800 metri
Celerità di tiro	2/4 colpi al minuto
Numero pezzi a disposizione nel 1940	956

Nel corso della seconda guerra mondiale, considerando la carenza di materiali, la moderna lega dell'e-lektron le ruote vennero fatte in lamierino di acciaio. Sempre negli stessi anni, i cannoni simili di altre nazioni potevano vantare gittate assai maggiori, e dato che lo scopo principale di questi pezzi era il tiro di controbatteria, anche il 105/28 andava aggiornato. Fu quindi modificato il munizionamento portando la gittata a 12780 m con le nuove granate Mod 32 e Mod 32G, queste però comportavano un sensibile logorio della canna tuttavia, che finì col presentare nuove problematiche al pezzo. Nel corso della guerra d'Abissinia il 105/28 fu presente solo in pochissime batterie, che crebbero poi con lo scoppio della seconda guerra mondiale portando il pezzo in AOI a una sessantina di cannoni. Nella guerra di Spagna i cannoni 105/28 utilizzati furono invece ben 403. Nel 1940 in Cirenaica erano presenti ben 8 gruppi da 105/28, circa 100 cannoni. La maggior parte di questi andò subito perduto già in occasione della prima devastante offensiva britannica. Successivamente i pezzi africani vennero rimpiazzati, parteciparono quindi alle successive operazioni fino ad El Alamein ed alla successiva ritirata fino in Tunisia. Nessuno di questi fece ritorno in Italia.

All'inizio della campagna di Grecia, all'ottobre 1940, risultavano schierati 3 gruppi. Durante la campagna di Russia, al momento del cambio fra CSIR e ARMIR il Regio esercito decise di dotare i suoi reparti del 105/28 in buon numero. Anche qui come in Africa tutti i cannoni andarono perduti a seguito dell'offensiva sovietica dell'inverno 1942, che portò alla distruzione dell'ARMIR.

A seguito dell'armistizio del 1943, svariate decine di pezzi furono subito requisiti dai tedeschi, che li denominarono *10,5 cm Kan 338 (i)*. In quest'ambito alcuni pezzi passarono poi in organico a reparti della RSI. Mentre il regno del sud equipaggiò un gruppo di 105/28 in forza al *Primo Raggruppamento Motoriz-zato* e, successivamente al *Corpo Italiano di Liberazione*. Il pezzo fu radiato nel 1951.

▲ A sinistra: Cannone da105/28 appartenente al CIL spara contro reparti tedeschi. A destra: artiglieri italiani in Cirenaica con un 105/28. Wikipedia Cc1

◼ CARATTERISTICHE TECNICHE

Il cannone 105/28 poggiava su un affusto con ruote a raggi di legno di grande diametro cerchiate in ferro ed una bocca da fuoco scudata. La caratteristica originale dell'affusto era data dalla sua capacità di muovere sulla sala (asse delle ruote) per un settore di 14° circa. La bocca da fuoco aveva la canna lunga poco meno di tre metri in acciaio ed era fornita di un otturatore a vite a 4 settori. Il corpo della bocca da fuoco era rafforzato posteriormente tramite un manicotto, fissato al corpo. Questo manicotto si estendeva dalla culatta fino a metà lunghezza della canna, con un rinforzo posteriore, che serviva a tenere gli orecchioni in posizione baricentrica, evitando quindi la necessità di ricorrere ad equilibratori. Il congegno di mira era su un alzo a tamburo, con cannocchiale panoramico modello Cortese-Falcone.

In origine, il pezzo era a traino animale, con pariglie di cavalli.

Munizionamento tipico del 105/28 durante la seconda guerra mondiale:

- granata monoblocco da 105 (15,5 kg, V0 565 m/s, gittata 11425 m) a consumazione
- granata di ghisa acciaiosa da 105 (15,4 kg, V0 445 m/s, gitatta 10980 m) a consumazione
- granata da 105 mod 32 (16,3 kg, V0 576 m/s, gittata 12780 m)
- granata da 105 mod 32G (16,15 kg, V0 576, gittata 12780 m)
- granata a doppio effetto da 105 mod 32 (15,125 kg, V0 570 m/s, gittata 13640 m) a consumazione
- granata a doppio effetto da 105 mod 36 (16,2 kg, V0 570 m/s, gittata 13640 m)
- granata a doppio effetto da 105 mod 36 G (15,9 kg, V0 579 m/s)
- granata perforante da 105 (15,65 kg, V0 579, gittata 2500 m)
- granata perforante 105/28-32 (16,65 kg) in fase sperimentale
- granata semiperforante da 105 (16,65 kg) in fase sperimentale
- granata da 105 controcarri mod 43 EP (14 kg, V0 602 m/s, gittata 12360 m) a carica cava
- granata da 105 controcarri mod 43 (14 kg, V0 510 m/s, gittata 9400 m)
- granata da 105 fumogena-incendiaria
- granata da 105 fumogena
- granata da 105 inerte (per esercitazione)

▲ Particolari del cannone 105/28. Vari parchi caduti Italiani e musei. Wikipedia e altri.

TRATTRICE FIAT 20 B   ITALIA 1922-1936

TRATTRICE FIAT 20-B

Risalente al 1915, fu la prima trattrice prodotta dalla Fiat, denominata ufficialmente Trattrice pesante tipo 20. Era dotata di un motore Fiat 67 A con potenza di 60HP, 4 tempi a benzina.
Fu uno dei primi trattori d'artiglieria del regio esercito insieme al Pavesi Tolotti A e B. L'abbiamo inserita come la prima e più arcaica delle macchine pensate al traino di cannoni ed obici. Partecipò a tutto il primo conflitto mondiale rimanendo in esercizio anche nel primo dopo guerra fino agli anni 30 quando venne sostituita da trattori di più moderna concezione. Essa verrà poi sostituita dalla trattrice pesante Breda 32 che terminò il parco delle trattrici adottate durante la Grande Guerra e rimaste sostanzialmente in servizio fino a quel momento, ovvero la nostra Fiat tipo 20, le Pavesi-Tolotti tipo B, il FIAT 18BLR, e anche le austriache Daimler di preda bellica.

DATI TECNICI:	
Entrata in servizio	1914
Peso a pieno carico	11.500 kg
Lunghezza del telaio	5,5 metri
Passo	3,5 metri
Altezza del veicolo	2,9 metri
Larghezza del veicolo	2,3 metri
Velocità massima	12 km orari
Capacità serbatoio	240 litri
Numero pezzi a disposizione nel 1940	N.d.

▲ Nella foto grande trattrici Fiat 20 b versione con cingoli impegnate al traino di grossi calibri 1915-18. Archivio di Stato. Foto piccola una trattrice Pavesi Tolotti di tipo B. Archivio autore.

TRATTORE PAVESI P4   ITALIA 1922-1936

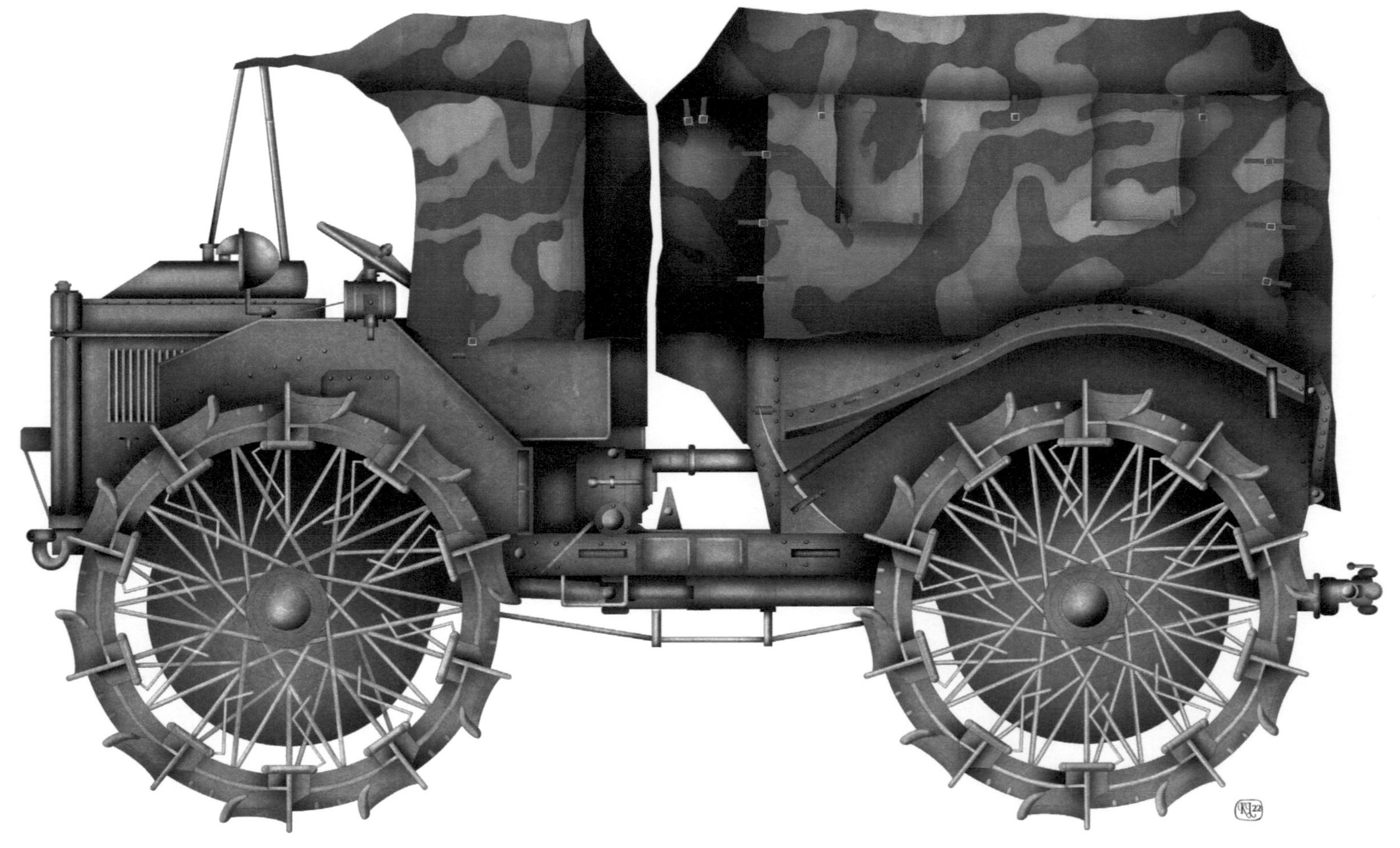

TRATTORE PAVESI P4

Il Pavesi P4 nacque come un trattore agricolo innovativo e sperimentale e venne progettato dal novarese Ugo Pavesi che diede così il nome al suo mezzo. Lo stato maggiore del regio esercito si rese conto bene presto delle sue potenzialità e lo acquisì come trattore d'artiglieria.

Fu il primo trattore italiano a quattro ruote motrici (e tra i primi al mondo), presentava altre soluzioni innovative ed avveniristiche, quali le grandi ruote di uguale diametro ed il doppio telaio snodato.

La versione militare ebbe un immediato successo. Il Regio Esercito selezionò la versione "Pavesi P4/100" come trattore d'artiglieria pesante nel 1923. La richiesta del Ministero della Guerra parlava di un "trattore ad aderenza totale per il traino di artiglieria pesante", Il Pavesi sbaraglio la concorrenza di tutti gli altri presentati dalla Fiat e dell'Ansaldo. Il modello prescelto venne leggermente modificato ed allungato rispetto alla versione Agricola. L'esercito ne ordino 1000 esemplari, tuttavia la Pavesi incontro notevoli difficoltà a soddisfare tale ordine e la licenza di produzione del trattore d'artiglieria venne ceduta alla Fiat e alla sua controllata Società Piemontese Automobili (SPA). Nel 1931 il trattore venne ulteriormente migliorato con il lancio del "Mod. 30", seguito nel 1934 dal "Mod. 30A".

Il mezzo fu assegnato ai reparti in ragione di 5 esemplari per ogni batteria, dei quali 4 per il traino dei pezzi ed uno di riserva. Il battesimo di fuoco lo ebbe come al solito in AOI dove ne vennero inviati 136 esemplari, e successivamente altri 82 esemplari nella guerra civile spagnola con il Corpo Truppe Volontarie. Durante la seconda guerra mondiale il Pavesi era ancora in dotazione all'artiglieria di corpo d'armata per il traino dei pezzi 105/28, 105/32, 149/12 Mod. 14, Škoda 15 cm Vz. 1914, 149/19 Mod. 1937 e per il traino del pezzo contraereo 75/46 C.A. Mod. 1934. Il suo uso fu intenso, per quanto la bassa velocità cominciasse a renderlo obsoleto, tuttavia venne utilizzato su tutti i fronti, fino ad essere sostituito nel 1942 sulle linee di montaggio e sul campo di battaglia dallo SPA TM40. Il trattore ebbe successo anche all'estero ottenendo commesse persino nel Regno Unito dove fu prodotto su licenza nel 1929. La Grecia nel 1935 ordinò 224 trattori Mod. 30A che ironia della sorte trovarono poi impiego contro le truppe italiane al confine con l'Albania. L'Ungheria, la Svezia, la Finlandia e la Bulgaria furono altri committenti. In Spagna, dopo la Guerra Civile rimase in servizio con l'esercito di Franco. Ovviamente, dopo l'otto settembre venne impiegato anche dai tedeschi che lo denominarono Radschlepper Pavesi Typ P 40 100 (i).

DATI TECNICI:	
Entrata in servizio	1919-1942
Peso a pieno carico	5.600 kg
Lunghezza del telaio	3,5 metri
Potenza	40/57 hp
Cilindrata	4700
Larghezza del veicolo	1,9 metri
Velocità massima	11/20 km orari
Autonomia	180 km
Numero pezzi a disposizione nel 1940	N.d.

■ CARATTERISTICHE TECNICHE

Il trattore d'artiglieria aveva le carrozzerie aperte sui due telai, con ampi parafanghi. Il telaio anteriore ospitava una carrozzeria aperta con copertura amovibile in tela, a soffietto, ed anteriormente montava il motore. La carrozzeria del telaio posteriore era più ampiamente modificata; il cassone ospitava sei sedili per i serventi nel Mod. 26 e quattro nel Mod. 30, che quando ribaltati lasciavano un vano di carico da 1000 o 2000 kg nei due modelli rispettivamente. Anche il cassone poteva essere coperto con un telone impermeabile su archetti amovibili. I grandi parafanghi, bordati lateralmente, potevano ospitare il bagaglio dei serventi o altri materiali. Le ampie ruote munite di anello di gomma piena e palette ripiegabili erano ottime sui terreni sconnessi italiani, sprofondavano invece sui terreni sabbiosi e soffici delle colonie; così nel 1937 furono adottati, sui Mod. 30 e 30A, gli pneumatici Pirelli "Sigillo verde".

▲ Sopra un pavesi P4 in AOI con al traino un 149/35 Archivio autore.

► A destra S.M. il re in visita al fronte, si vedono due Pavesi con cannoni al traino. Archivio di Stato.

▼ Sotto un Trattore Pavesi che traino un 105-28 sul fronte africano fra Tripoli e Homs. Archivio di Stato

BIBLIOGRAFIA

- Balocco R. – *Fanti ed Artiglieri* – Manualetti di Tecnica Militare, Fascicolo XXI, dic. 1934

- Barlozzetti U. & Alberto Pirella *Mezzi dell'Esercito Italiano 1935-45*, Editoriale Olimpia, 1986.

- Benussi G. *Autocannoni, autoblinde e veicoli speciali del regio esercito Italiano nella prima guerra mondiale.* Integest Milano 1973.

- Bovi L, Antonio e Andrea Talillo. *Semoventi da 47/32, 90/53 e 75/18 in Sicilia.* Ediz. illustrata - Ardite edizioni 2021. Italia

- Cappellano F. – *Le artiglierie del regio esercito nella seconda guerra mondiale*, Albertelli, 1998

- Cappellano F. *Mortai del Regio esercito* Storia militare agosto 1997

- Ceva L., Curami A. – *La meccanizzazione dell'esercito italiano dalle origini al 1943* – Stato Maggiore Esercito, Ufficio Storico, 1994

- Chiappa E., *CTV - il corpo truppe volontarie italiano durante la guerra civile spagnola*, 2003 EMI.

- COMITATO PER LA STORIA DELL'ARTIGLIERIA, *Storia dell'artiglieria italiana*, vol. XVI, 1955

- Cucut C. - *Le forze armate della RSI* –Gruppo Modellistica Trentino, 2005

- Cucut C. *Le artiglierie delle forze armate della Repubblica sociale italiana.* Soldiershop ottobre 2020

- De Rosa Gabriele *Storia dell'Ansaldo 6. Dall'IRI alla guerra 1930-1945*, Gius. Laterza & Figli, 1999.

- Favagrossa C. – *Perché perdemmo la guerra* – Rizzoli, 1946

- Finazzer E. *Guida alle artiglierie italiane nella seconda guerra mondiale, 1940-1945. Regio esercito italiano, Repubblica Sociale Italiana, esercito cobelligerante.* IS Genova 2020.

- Finazzer E. *Le Artiglierie del regio esercito nella seconda guerra mondiale.* Soldiershop 2017.

- Finazzer E & Riccio R. *Italian Artillery of the Second World War.* Mushroom 2015.

- Grandi F., *Dati sommari sulle artiglierie in servizio e sul tiro*, Ed. fuori commercio, 1934.

- Grandi F., *Le armi e le artiglierie in servizio*, Ed. fuori commercio, 1938.

- Guglielmi Daniele *Semoventi M41 & M42.* Armor Photogallery -Broncos (in inglese)

- Montanari M.– *L'esercito italiano alla vigilia della 2ª Guerra Mondiale* – Stato Maggiore Esercito, Ufficio Storico, 1975

- Pergher C. – *Le macchine di Pavesi* – Gruppo Modellistico Trentino, 2002

- Pignato N. – *L'obice da 149/19 OTO 1937* – Storia Militare n. 150, marzo 2006

- Pignato N. - *Artiglierie e automezzi dell'esercito italiano nella Seconda guerra mondiale.* Albertelli editore 1972

- Pignato N. Cappellano F. – *L'obice da 210/22 mod. 35* – Storia Militare n. 171, gennaio 2008

- Pignato N. – *Il 105/28 del Regio Esercito* – Storia Militare n. 182, novembre 2008

- Pignato N. – *L'ultimo 75 dell'artiglieria italiana* – Storia Militare n. 188, maggio 2009

- Pignato N. – *Un "pezzo da 90"* – Storia Militare n. 201, giugno 2010

- Pignato, N. *Semovente da 75/18 : tecnica e storia del primo semovente italiano.* (2010).Parma: Albertelli.

- Raudino S. e Stefanelli E. – *Storia dell'artiglieria italiana*, parte V – voll. XV e XVI - Rivista d'artiglieria e genio 1953 - 1955

- Rovighi A. – F. Stefani, *La partecipazione italiana alla guerra civile spagnola*, USSME, 1992.

- Tonoli M. e F. Corsetti *Skodas Gebirgskanone Model 15 1915-1964* – Itinera Progetti (2013).

TITOLI PUBBLICATI

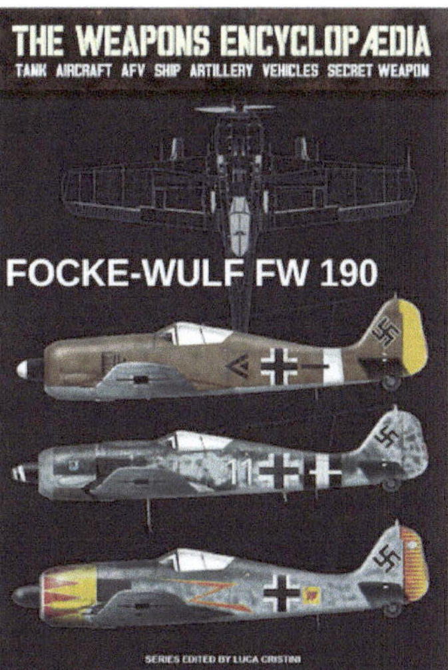

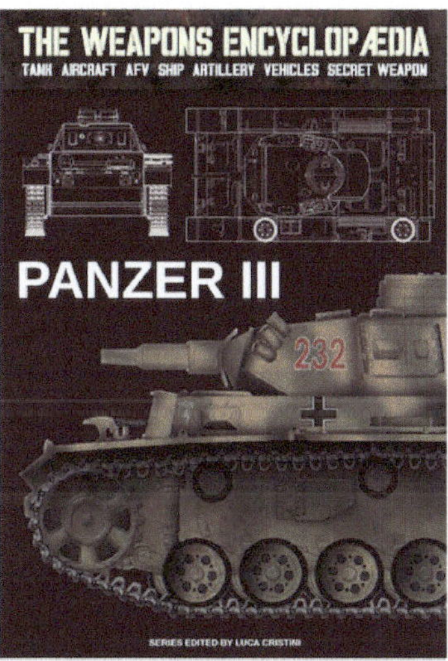

TWE-006 IT

www.ingramcontent.com/pod-product-compliance
Lightning Source LLC
LaVergne TN
LVHW071620180726
843512LV00002B/208

9 788889 327867